AF230204

MADAME

FRANÇOIS DELESSERT

3 AVRIL 1877

PARIS

IMPRIMERIE JULES CLAYE

A. QUANTIN SUCCESSEUR

RUE SAINT-BENOIT

1877

PAROLES

PRONONCÉES

AU SERVICE FUNÈBRE DE Mme FRANÇOIS DELESSERT

DANS L'ÉGLISE PROTESTANTE DE PASSY

Le vendredi 6 avril 1877

Par M. EUGÈNE BERSIER, pasteur

Devant ce cercueil, en présence de cette grande et sainte vie qui vient de s'achever pour la terre, deux sentiments opposés se rencontrent en nous. D'un côté nous voudrions garder le silence, car nous nous rappelons que celle que nous pleurons n'a jamais cherché à paraître, qu'au contraire elle s'est toujours effacée, et nous comprenons très-bien que tout ce que nous pourrions dire d'elle restera infiniment au-dessous de ce que vous sentez. D'autre part, pouvons-nous nous taire et en avons-nous le droit? Cela nous semble plus difficile encore. Il y aurait quelque chose de cruel et de forcé à ne pas essayer d'exprimer ce qui remplit nos cœurs; et, si l'affection ne nous y portait pas, la justice nous le commanderait, oui, la justice envers cette grandeur morale qui, je le sais, s'ignorait et s'oubliait elle-même, mais que nous n'avons pas, nous, le droit d'oublier. D'ailleurs il ne peut être ici question d'éloge ; la louange serait déplacée en cette circonstance parce qu'elle serait inutile. Notre seule tâche est de rappeler ce que nous avons vu.

Le premier trait qui nous frappait chez Madame François Delessert c'était la simplicité absolue et parfaite. Ce qu'elle était, elle le paraissait, sans qu'il y eût chez elle l'ombre même d'une recherche quelconque de l'effet. La grâce exquise qui se peignait sur son visage était le rayonnement de sa nature intérieure et jamais un vêtement d'emprunt.

Cela est si vrai qu'à l'heure même de son agonie, à ce moment où tout défaille et où tout effort est impossible, cette grâce survivait encore et que l'on peut dire que son dernier adieu a été un sourire. Simplicité dans sa personne, dans ses habitudes, dans son langage, dans tous ses actes, et qui s'alliait étroitement à la distinction la plus réelle, simplicité qu'elle avait imprimée à cette maison patriarcale de Passy, qui, à travers tous nos changements, a gardé son caractère originel et son charme distinctif. Simplicité dans sa foi religieuse nourrie de la moelle même des Écritures et qui, en conservant avec une sainte jalousie la vérité révélée, allait droit à l'essentiel, savait concilier un attachement très-ferme à l'Église de ses pères avec une sympathie très-large pour toutes les âmes chrétiennes et fuyait par un instinct naturel toutes les exagérations. Il y avait là comme une tradition d'une autre époque qui contrastait avec la vie agitée et compliquée qui nous est faite. Or, ne nous y trompons pas, la simplicité ainsi comprise, c'est le signe de la vraie grandeur. Là où il y a un apprêt quelconque la déception est possible ; là où tout est vrai, on peut respecter pleinement sans aucune crainte d'illusion. Rappelez-vous avec quel naturel et quel élan son âme vibrait à toutes les émotions vraies. A 80 ans elle avait une fraîcheur d'impressions que l'on chercherait en vain chez beaucoup de jeunes filles ; la vue des beautés de la nature l'attendrissait en la rapprochant de Dieu. Lorsque chaque année, du haut de la terrasse de sa campagne de Bougy, elle revenait admirer le magnifique amphithéâtre des Alpes au pied desquelles s'étend le bleu miroir du lac Léman, son émotion était grande et toute pénétrée d'adoration. Rappelez-vous aussi comment elle comprenait et aimait les enfants dont il semblait que la candeur répondait à la sienne. Voyez d'autre part comment cette âme, qui sentait si vivement les jouissances pures, a accepté et compris la douleur. Certes les épreuves ne lui ont pas manqué. Dès sa

jeunesse, sa vie a été marquée par des deuils.
Elle dut survivre à un fils qui lui fut enlevé
à la suite d'une maladie longue et dans des
circonstances exceptionnellement douloureu-
ses. Elle dut également fermer les yeux à son
mari dont notre Église n'oubliera pas la
mémoire, dont elle fut la compagne si admi-
rablement dévouée et dont elle était si digne
de porter le nom universellement respecté.
Enfin, il y a six ans, elle était dans Paris
assiégé, le cœur tourmenté d'inquiétudes
cruelles et de pressentiments qui ne devaient
être que trop justifiés par la mort héroïque
de son petit-fils, Philippe de Monbrison.
Quelle vaillance alors chez elle et quelle tendresse ! Quelle force et quelle douceur ! Ah !
la douleur frappant une âme ainsi disposée,
c'est vraiment comme un feu céleste qui, en
consumant l'encens, lui fait exhaler tous ses
parfums.

Un autre caractère qui nous frappait chez
elle, c'était la pureté du cœur, cette pureté
dont parle l'Écriture en ce mot qui semble

fait pour elle : « Heureux ceux qui ont le cœur pur, car ils verront Dieu. » Un cœur pur, que cela est beau et que cela est rare ! On le devinait chez elle rien qu'à voir son regard qui traduisait si bien son âme. Les cœurs purs verront Dieu ! Elle le voit très-certainement, c'est notre ferme espérance, et, dès ici-bas déjà, elle voyait tout à sa lumière, les choses et les hommes, les caractères et les événements. C'est là ce qui faisait qu'étant pure elle-même, elle ne soupçonnait point le mal et n'aurait jamais pu se réjouir de l'avoir découvert. Je sais, mes frères, que dans le langage des mondains une telle disposition s'appelle manque de clairvoyance, ignorance de la nature humaine, pure illusion. Eh bien! les mondains se trompent. Oui, il y a une manière superficielle de juger l'humanité, de croire à sa bonté originelle, de ne point prendre au sérieux le péché, d'être indulgent au mal parce qu'on n'y voit qu'une faiblesse. Cette illusion n'est que trop répandue, mais soyez tranquilles, elle n'existait pas ici. Non, dans cette âme qui avait un sentiment si profond de la sainteté divine et qui acceptait les enseignements les plus sérieux des Écritures sur le mal et sur ses conséquences ; dans cette âme qui a connu jusqu'à la fin le saint tremblement de l'humiliation et du repentir, il n'y avait pas place pour une telle manière de voir. Mais on peut, tout en comprenant que le mal est là et qu'il est repoussant et redoutable, on peut croire que Dieu veut en triompher et qu'il le peut par sa grâce. On peut voir le relèvement au delà de la chute, le pardon au delà de la faute, et les demander avec une telle ardeur qu'on finit par y croire ; on peut voir une âme transformée là où les mondains ne voient encore qu'une âme tombée. C'est là le triomphe de la charité. Et voilà pourquoi, mes frères, tandis que dans le monde on est, d'une part, si indulgent pour le péché, et, de l'autre, si sévère pour les pécheurs, si curieux de découvrir le mal, de l'analyser, si empressé à le soupçonner, à l'exagérer, à multiplier le scandale, chez les âmes vraiment chrétiennes au contraire, vous voyez la pureté la plus réelle s'allier à une compassion infinie, la charité garder le silence sur le mal connu et conserver une disposition naturelle au pardon, car, au-dessus du pécheur, ces âmes voient Dieu avec sa justice et sa miséricorde. Or, si c'est sa justice qui frappe, elle rend tous nos jugements inutiles, et si c'est sa miséricorde qui s'exerce, comment pourrions-nous ne pas exercer la nôtre !

Ceci m'amène à parler du caractère qui était dans la vie de notre sœur vénérée ce qu'il doit être dans toute vie chrétienne, le trait dominant : je veux dire sa charité. Tout à l'heure, en traversant les rues de Passy, vous avez vu cette foule émue et recueillie, ces visages sur lesquels on lisait une douleur vraie, vous avez pu recueillir en passant l'une de ces exclamations sincères et naïves qui sur les lèvres du peuple sont le plus beau des éloges funèbres, et ce touchant concours montre assez ce qu'elle a fait de bien dans son voisinage immédiat, dans ce quartier où son nom est entouré d'une considération si haute et d'une popularité si méritée. Mais ce que nul ici ne pourrait dire, c'est le nombre de familles indigentes ou momentanément éprouvées, d'œuvres de toute nature qui, pendant plus d'un demi-siècle, n'ont jamais compté en vain sur son infatigable concours. Écoles, hôpitaux, asiles de vieillards, caisses d'épargne, œuvres bibliques et de missions lointaines, tout l'intéressait ; sa sollicitude pour les âmes ne la rendait pas moins attentive aux douleurs matérielles ; dans sa dernière et courte maladie, elle nous envoyait un secours pour un indigent malade, « ayant honte, disait-elle, d'être si bien soignée quand tant de malheureux ne le sont pas. » Son intérêt pour les progrès lointains de l'Évangile ne lui faisait pas oublier ses devoirs les plus proches, et, dans sa piété qui n'avait rien d'étroit, elle savait, suivant en cela de nobles traditions de famille, s'intéresser aux causes libérales, aux arts et aux sciences naturelles, ne comprenant pas, comme elle nous l'a souvent dit, qu'on pût étudier ces dernières sans y voir resplendir la sagesse de Dieu. Je sais que cette protection si généreuse accordée à tant de bonnes causes paraît à beaucoup de gens chose facile, parce qu'il leur semble que, lorsque les ressources abondent, rien n'est plus aisé que de donner largement et sans trop y regarder. L'expérience prouve pourtant qu'il n'en est pas souvent ainsi, car les exigences et les habitudes d'une position élevée deviennent aisément envahissantes et impérieuses, et cela presque toujours aux dépens de la charité. Les sacrifices, surtout quand les appels vont se multipliant comme aujourd'hui, exigent de ceux qui les font, quelle que soit d'ailleurs leur fortune, une victoire continuelle sur eux-mêmes. Il ne faut pas oublier non plus que l'ingratitude, cette épreuve décourageante entre toutes, est plus souvent subie par ceux qui ont plus d'occasions de secourir leurs frères. Donner avec persévé-

rance, avec intérêt, avec intelligence, donner
avec bonté, sans irritation, sans amertume,
sans rien reprocher, comme dit saint Jacques,
donner sans que la main gauche sache ce
qu'a fait la droite, c'est une grande science à
laquelle ne suffisent pas les élans d'une sen-
sibilité passagère, mais qui exige la forte
discipline que la piété seule peut inspirer et
maintenir.

Or, notre sœur vénérée donnait beaucoup,
et, ce qui valait mieux, savait se donner elle-
même. On peut pratiquer la charité en grand,
et pécher contre elle dans le détail de la vie,
dans les contacts quotidiens, dans l'accom-
plissement de ces mille devoirs qui forment
la trame même de l'existence.

Aussi, je le dis sans hésiter, la forme sous
laquelle la charité me pénètre et me touche
chaque jour davantage, c'est la bonté ; oui, la
bonté, cette chose si grande qui vaut mieux
que le génie même, la bonté qui éloigne avec
vigilance le soupçon, la défiance et l'amertume, qui arrête sur les lèvres les jugements

sommaires et les traits d'esprit blessants, la bonté qui fait que l'on s'oublie pour vivre réellement dans les autres, pour s'associer à leurs joies et compatir à leurs douleurs, tellement que le cœur qu'elle pénètre devient comme un refuge hospitalier, comme une chaude retraite sous laquelle chacun vient s'abriter quand l'air extérieur est âpre et glacial. Eh bien! cette bonté expansive et tendre, qui donc la possédait mieux qu'elle, qui savait mieux qu'elle s'oublier, se faire toute à tous, et adresser à chacun le mot qui relève et qui fortifie? Ah! ce qu'elle fut à cet égard, vous le savez bien, membres de cette famille dont elle était le centre doux et respecté. Vos larmes disent assez ce que vous avez perdu, en perdant cette mère et cette aïeule, et bien d'autres que vous qui n'avaient nul droit naturel à son affection et qui l'ont éprouvée si cordiale et si profonde mesurent comme vous, avec un cœur déchiré, la profondeur du vide que son départ va creuser parmi nous.

De tous ces traits que je viens de rappeler,
nous aurions fait volontiers une auréole;
elle-même, et c'est là le dernier point que je
veux relever, n'a jamais songé à s'appuyer
sur ses œuvres et sur ses mérites. La doctrine
de la justification par grâce, cette vérité fon-
damentale de l'Évangile, lui était précieuse
entre toutes. C'est de là seulement qu'elle
attendait son salut. Confiante en la miséricorde de Dieu, elle se demandait avec un
touchant scrupule et un profond sérieux
comment elle y avait répondu, et le spectacle
de cette longue vie qui nous pénètre de respect était pour elle (je cite ses propres paroles
prononcées il y a huit jours) un perpétuel
sujet d'humiliation et de confusion. Suis-je
prête à mourir? se demandait-elle, et cette
pensée avait gardé pour elle toute sa solen-
nité.

Le moment vint, annoncé par des symp-
tômes qui éveillèrent aussitôt dans nos
cœurs de douloureux pressentiments. En
quelques jours, presque en quelques heures,

tout espoir nous fut ôté. La maladie l'eut bientôt brisée, mais ce fut pour faire mieux resplendir en elle l'œuvre que Dieu y avait faite et la place qu'il tenait dans son cœur. Elle avait vivement espéré pouvoir célébrer dans l'Église, avec ses frères, les solennités de la Semaine Sainte et la fête de la Résurrection. Or, Dieu avait préparé pour elle quelque chose de meilleur. Il l'appelait à s'asseoir à la table du banquet céleste dans l'assemblée et la communion des bienheureux.

Nous ne pourrons jamais oublier la dernière journée qu'elle passa sur la terre. Au matin sa faiblesse était telle qu'on pouvait se demander si, dans cet abattement et ce sommeil apparents, l'intelligence était présente. Au premier mot des prières suprêmes, tout son corps tressaillit; son œil brilla d'un vif éclat et un sourire de joie illumina son visage. Tel le soldat s'éveille à l'appel de son chef; tel le prophète répondit autrefois à Dieu : « Parle, Seigneur, ton serviteur écoute. » Elle écoutait et, du regard et du geste, elle montrait combien la parole divine était sa force et sa lumière dans la vallée de l'ombre de la mort. Puis, à travers des défaillances successives, elle revenait à la vie pour accueillir chacun des siens avec un sourire angélique et une bénédiction dont le souvenir ne s'effacera plus jamais, et qui faisaient de cette chambre mortuaire un sanctuaire tout illuminé d'espérance. Enfin son regard devint fixe, la respiration cessa; elle était entrée dans le repos de son Maître, elle contemplait celui qu'elle avait si fidèlement servi.

Nous ne la verrons plus sur la terre, nous ne rencontrerons plus cette suave et pure figure, ce regard profond et doux qui, à eux seuls, étaient un enseignement et une joie. Elle ne viendra plus vers nous. C'est à nous à nous préparer à la rejoindre en suivant son exemple. Élevons nos regards en haut, et redisons tous ensemble cette strophe d'un cantique qu'elle aimait et qui fut l'un des derniers qu'elle entendit ici-bas :

« Puisse la même foi qui consola leur vie
Nous ouvrir les sentiers que leurs pas ont pressés,
Et, dirigeant nos pieds vers la sainte patrie
Où leur bonheur s'accroît de leurs travaux passés,
Nous rendre ces objets de tendresse et d'envie
Qui ne sont pas perdus, mais nous ont devancés! »

(Extrait du journal *le Témoignage,* 14 avril 1877.)

Le protestantisme français vient d'éprouver une nouvelle perte. Mme François Delessert est décédée à Passy, le 3 avril, dans sa quatre-vingt-deuxième année. Avec elle nous voyons disparaître l'un des derniers représentants de cette génération de femmes distinguées, dont nos Églises de France conservent pieusement le souvenir : la duchesse de Broglie, Mme Mallet, Mme Bartholdi-Walther, Mme de Staël. Tous ceux qui ont eu le privilége d'approcher Mme François Delessert ont pu apprécier son esprit distingué, son cœur ardent et généreux, sa piété simple et vivante. Ceux mêmes qui ne l'ont pas connue savent quel noble usage elle faisait de sa fortune. Rarement on a su donner comme elle, avec autant de libéralité et avec autant de simplicité. Ses obsèques ont eu lieu à Passy, au milieu du concours de nombreux amis. M. le pasteur Bersier, en termes simples et émus, a rappelé ce qu'a été pour sa famille, pour ses amis, pour les pauvres, la femme, noble et grande dans son humilité, que Dieu a rappelée à lui. Nous nous associons à la douleur de la famille et aux regrets unanimes que provoque cette perte.

(Extrait du journal *le Christianisme au* XIXe *siècle*,
20 avril 1877.)

Mme François Delessert vient de mourir, et il est bien juste qu'un hommage lui soit rendu au nom de notre Église dans cette feuille pour laquelle elle a témoigné un intérêt constant.

Si Dieu nous avait retiré depuis quelques années l'éminent M. Delessert, sa veuve nous restait encore, soutenant tout l'honneur de son nom, gardant fidèlement la tradition de sa piété et de son dévouement, remplissant en quelque sorte la place qu'il avait laissée vide au sein de l'Église réformée de Paris. Aujourd'hui, c'est tout un passé qui disparaît

sans retour, et c'est à une autre génération
qu'il appartient de recueillir l'héritage de tant
de foi et de tant de vertu.

Mme Delessert unissait à une exquise distinction, dont toute sa personne portait l'em-
preinte, une simplicité qui se retrouve rarement aujourd'hui dans les hautes situations
sociales. Elle avait un éloignement instinctif
pour le luxe et la frivolité du jour, et nous
aimions à voir dans son opulente demeure ce
cachet de gravité et d'austérité qui rappelait
les vieilles mœurs protestantes. Ferme dans
ses principes religieux et moraux, elle avait
cependant et savait manifester cette amabilité,
cette bonne grâce qui répandent tant de
charme dans le commerce journalier de la
vie, et qui deviennent trop rares au milieu de
nos habitudes égoïstes mêlées d'orgueil et de
sans-gêne. Très-attachée à la foi de ses pères,
elle était animée d'un esprit de respect et de
sympathie pour toutes les Églises. Vouée aux
plus sérieuses méditations chrétiennes, déta-
chée de ce monde, préoccupée des choses d'en

haut, elle savait aimer tout ce que Dieu a fait pour embellir la vie, elle était sensible à l'attrait des arts, et les beautés de la nature parlaient vivement à son âme ; comme on l'a rappelé à ses funérailles, chaque année, quand elle retournait en Suisse à sa campagne de Bougy, elle éprouvait de vrais transports de reconnaissance envers Dieu, devant l'admirable panorama des Alpes qu'il lui permettait de revoir. Qui dira les ressources de son esprit, les trésors de sa tendresse, le charme expansif et toujours jeune de ses rapports avec ses enfants et ses petits-enfants?... Son départ laisse au milieu d'eux un vide irréparable, une douleur acceptée mais immense, pour laquelle nous déposons ici l'expression de notre sympathie respectueuse.

Mais en même temps que Mme Delessert se donnait généreusement à tous les siens, que d'amis elle comptait au dehors! Quel nombre infini de personnes elle a obligées! Combien de serviteurs vieillis à côté d'elle la pleurent comme une mère ! Pour combien d'œuvres de

relèvement matériel et moral elle s'est prodi-
guée ! Ceux qui recueillent les dons de la
charité se souviendront toujours de l'intérêt
sérieux avec lequel elle les écoutait, et de la
bonté qui accompagnait ses larges offrandes.

Les obsèques de cette femme chrétienne ont
été particulièrement touchantes. Tandis que
le long cortége se rendait de la maison mortuaire à l'église de Passy où MM. les pasteurs
Abric et Bersier devaient faire le service
funèbre, on voyait sur tout le parcours une
double haie de population recueillie et silen-
cieuse ; rien de cette curiosité frivole qu'ex-
cite dans les foules le passage d'un convoi
pompeux à travers les rues ; tout était sérieux,
digne, modeste, solennel. J'entendis une
femme du peuple dire dans son langage fami-
lier : « En voilà une qui a fait du bien ! » Ce
naïf éloge ne vaut-il pas mieux que tous ceux
que nous voudrions prodiguer à cette chère
mémoire ? Après une telle vie, la fin a été
paisible et douce. Les personnes qui ont eu
le privilége de voir Mme Delessert dans ses

dernières heures ont emporté une impression ineffaçable des touchants adieux où s'est révélé tout son cœur et des témoignages à la fois humbles et fermes de sa foi et de son espérance chrétiennes.

Mme Delessert était l'un des derniers représentants, au milieu de nous, d'une génération de femmes éminentes, Mmes Jules Mallet, Pelet de la Lozère, Bartholdi-Walther, Auguste de Staël... Que de pertes nous rappellent ces noms aimés ! Mais aussi que de nobles exemples ils lèguent à nos jeunes générations ! Demandons à Dieu qu'elles s'en inspirent pour échapper à la médiocrité et aux défaillances du temps présent.

ERNEST DHOMBRES.

(Extrait du *Journal des Débats,* 7 mai 1877.)

C'est, dans la douleur, notre instinct naturel et notre premier besoin de parler aux autres de ceux que la mort nous a enlevés et de faire connaître au monde ce qu'il a perdu, souvent sans le savoir. Cet élan de nos âmes s'applique surtout à la vie des hommes, mêlés à l'existence publique avec quelque éclat, ou cachés dans une destinée laborieusement obscure. Nous pensons rarement à parler des femmes ; elles laissent dans leur famille un vide impossible à combler, mais elles ont vécu modestes et ignorées, et elles doivent mourir comme elles ont vécu. C'est leur honneur,

comme leur bonheur, d'être passionnément
appréciées par un petit nombre et d'avoir
gardé pour ceux-là seuls tout le charme de
leur vie. Mme François Delessert, enlevée aux
siens il y a quelques jours (le 3 avril 1877),
aurait assurément choisi elle-même cette part
du silence, et elle s'étonnerait de voir son
nom paraître ici, dans ces colonnes mêmes
où M. Guizot a raconté naguère l'histoire de
sa famille et la belle vie de son mari. Si nous
nous permettons de rompre avec les habitudes reçues et de désobéir à la pensée intime
de Mme Delessert, c'est qu'il est bon et utile
pour l'âme de contempler un moment, avant
que les ombres de l'oubli public viennent
à l'envelopper, une figure forte et simple,
douce et charmante, qui s'en va rejoindre
dans le passé cette foule des souvenirs qui
semblent chaque jour faire plus de tort au
présent dans nos esprits comme dans nos
cœurs.

Mlle Sophie Gautier était née le 20 janvier
1796; elle avait seize ans lorsqu'elle épousa, le

30 octobre 1812, son oncle maternel, M. François Delessert. C'était l'objet constant de sa reconnaissance envers la bonté divine d'avoir été, comme elle le disait elle-même, élevée par « une incomparable mère » et donnée à « un incomparable mari ». Mme Gautier et M. François Delessert lui eussent assurément rendu ce témoignage, qu'ils avaient trouvé en elle une incomparable fille et une incomparable femme. Les vertus austères, le caractère énergique et l'esprit animé de Mme Gautier s'étaient adoucis chez sa fille avec un charme pénétrant et fin que la vieillesse n'avait fait qu'accroître en y joignant cette touchante modestie de l'âge, qui nous inspire tant de vénération et de tendresse. Mme Delessert avait vécu heureuse, honorée, à l'abri de tous les maux extérieurs de l'existence ; elle avait souffert avec résignation les coups directs de la main de Dieu, qui lui avaient ravi plusieurs de ses enfants ; elle avait partagé la vie des siens, élevée et pure, partout et toujours consacrée au bien ; elle y avait tenu plus de

place et rendu plus de services qu'elle ne l'avait jamais su.

Déjà pendant la Restauration, plus encore sous le règne du roi Louis-Philippe, la maison de MM. Benjamin et François Delessert, tous deux engagés dans la politique comme dans les affaires, était devenue un centre où se réunissaient souvent les hommes sagement libéraux, sérieusement occupés de fonder dans leur patrie « une liberté capable d'éclairer et de contrôler son gouvernement, et un gouvernement qui durât par des lois justes et pour le bien de tous. » Une hospitalité magnifique et simple les accueillait et les retenait ; tous cédaient au plaisir d'une société animée et douce, au charme d'échanger des idées en excitant le mouvement des esprits, à la confiance absolue qu'inspiraient les maîtres de la maison ; mais tant d'attraits n'eussent peut-être pas suffi à grouper autour de MM. Delessert ces amis divers, serviteurs actifs du pays ou savants absorbés par les études scientifiques , politiques ou philanthropes, français ou étrangers, sans le charme secret et subtil d'une modeste femme, simplement occupée de rendre heureux tous ceux qui l'entouraient et de leur témoigner un intérêt intelligent et doux, sans un retour sur elle-même, sans un effort personnel pour faire briller ses connaissances ou son bon jugement.

Elles s'en vont les unes après les autres, toutes ces figures que nous avons connues et aimées, grandes ou modestes, éclatantes ou vénérables, et nous les regardons s'éloigner avec stupeur, car les places qu'elles laissent restent partout vides. En partant, elles ont laissé des héritiers de leurs vertus, quelquefois même de leurs talents; mais cette action sociale, cette préoccupation d'autrui, cette ardeur inépuisable pour tout ce qui se faisait, pour tout ce qui se tentait de beau et de grand, cette disposition à payer de sa personne et à mettre la main à l'œuvre que nous avons rencontrées jusqu'au bout dans les vies qui s'éteignent lentement autour de nous, où

retrouverons-nous tout cela? Que sont deve-
nues toutes ces flammes? Les temps compa-
rativement calmes où nous avons grandi ont-
ils endormi en nous ce généreux zèle! L'en-
gourdissement moral et matériel que nous
reprochions à nos contemporains nous a-t-il
tous atteints?

Un jour, M. de Talleyrand, vieux et fatigué,
arrivait à la Chambre des pairs; la séance
n'était pas encore commencée, quatre membres seulement se trouvaient dans la salle; ils
se regardent et M. de Talleyrand se met à
rire : « Nous voici ici les premiers, messieurs,
dit-il, et nous étions tous les quatre de l'Assemblée Constituante. » A la fin de ces car-
rières agitées par tant de rudes épreuves,
l'ardeur et les forces ne manquaient pas encore à ces vieillards.

C'est à cette génération forte et ardente
qu'appartenait Mme François Delessert; c'est
parmi les hommes éminents de son temps
qu'elle avait vécu; elle se plaisait à rappeler
leur souvenir et à remonter vers le passé,

sans jamais rien perdre de son intérêt sympathique et efficace pour le présent. Devenue veuve en 1868, elle avait conservé un zèle empressé et pieux pour toutes les grandes œuvres auxquelles son mari avait naguère mis la main. Elle en avait poursuivi elle-même beaucoup d'autres plus modestes, plus cachées, plus exclusivement chrétiennes. Sa foi religieuse, de jour en jour plus humble et plus fervente, animait et gouvernait sa vie, élevant et étendant sans cesse son horizon. De sa maison de Passy, remplie de fleurs et de souvenirs chéris, Mme Delessert s'intéressait à tout ; elle exerçait son action sur les points les plus divers, et son ingénieuse générosité se retrouvait à chaque pas. Lorsqu'elle paraissait, la paix paraissait avec elle, et le désaccord s'apaisait devant la douce sérénité de son visage. Elle a beaucoup agi sans s'en douter, et par sa seule influence charmante et vénérée. Elle a disparu, et nous la cherchons encore à l'église, dans le cercle de cette famille justement honorée, dont elle était si

véritablement le chef, dans toutes les œuvres
charitables qu'elle dirigeait de près ou de loin.
Nous nous étonnons de ne plus voir devant
nous ceux que nous étions accoutumés à
suivre ; nous nous retournons pour montrer
encore une fois à nos enfants les traces véné-
rées d'une génération puissante qu'ils ont à
peine connue, et nous prenons un douloureux plaisir à leur indiquer les salutaires
exemples dont ils ont besoin, au travers des
temps sévères qui les ont accueillis dans la
vie, en présence de la carrière laborieuse qui
les attend. C'est ce tendre et dernier
hommage que nous avons voulu rendre ici à
Mme François Delessert, c'est cette dernière
leçon que nous avons voulu chercher dans
sa vie.

G. W.

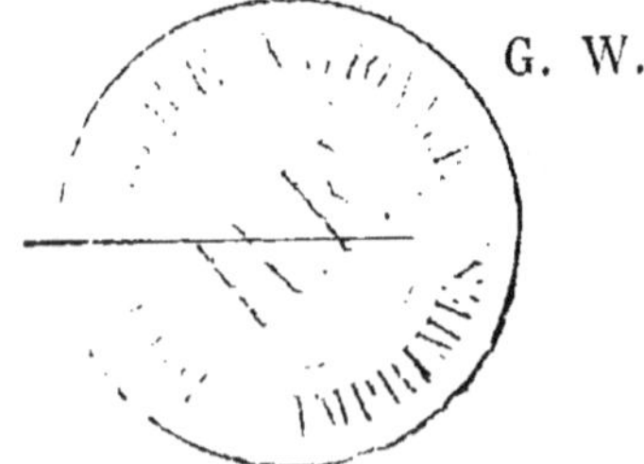

PARIS. — Impr. J. CLAYE. — A. QUANTIN et Ce, rue St-Benoît. [893]

A. Quantin imprimeur
7, rue S.-Benoît, à Paris

www.ingramcontent.com/pod-product-compliance
Lightning Source LLC
Chambersburg PA
CBHW051555070726
47594CB00017B/1814